아름다운 극본

국보시선

아름다운 극본

정정채

도서출판 국보

▒ 시집을 내면서

거실의 창문을 열고 베란다쪽 작은 화원으로 눈길을 돌린다. 그 곳에는 피고 지는 꽃 들이 풍겨내는 짜릿한 꽃향기가 내 코끝을 감돌면서 행복하게 해주고 있다.

나는 내 영혼의 꽃 밭(詩田)에도 꽃을 가꾼다.

긴삶의 여정(旅程) 속에서 파생 되여 오는 향기로운 슬픔과 사랑과 고뇌 그들은 먼~ 내 젊음의 뒤안길에서 함께 어우러져 끊임없이 내 속을 헤집는 동반자이었음이 분명했다.

끓어오르는 정념(情念)과 열정(熱情) 때때로 까닭 없이 다가오는 광기(狂氣)들 속에서 언제나 떨고만 있을 뿐이었다.

이제 고희(古稀)를 넘기며 황혼이 내리는 강가에 앉아 사라져 가 버린 날을 반추해 본다. 고통 속에서 태어나는 신생아처럼 이렇게 출산된 나의 작품 90여 편이 이번에 아름다운 극본이란 이름의 명찰을 달고 이곳에다 간추려 보았다.

출간에 즈음하여 두터운 격려와 성원의 글을 주신 백양문학회 회장님이신 靑雲 황보 완 시인님, 오랜 지기(知己)이자 교육자인 김미자 전 교장선생님, 동반 문우이신 靑羅 김광길 시인/수필가님, 그리고 축사를 보내준 사랑하는 큰 며느리 임재옥 사무관에게 함께 심심한 감사의 말씀을 전해 올리면서 인사에 가름하겠습니다.

석관동에서 정정채

차례

시집을 내면서

1 봄이 오는 소리

봄이 오는 소리__14
신년 수상__16
꽃눈__19
기다리는 봄비__20
꽃신발__21
겨울 송가__22
새싹 친구__24
봄날 오후__27
어부의 아내__28
영롱한 보석 석류__29
등잔불__30
오월__31
학춤(鶴舞)__32
가을 山__33
법당__34
아름다운 노년__36

2 만추상념

환상적인 바다___38
만추상념___39
설악에 피는 꽃___40
희망(希望)___42
행복한 시간___43
엄마의 품속___44
어린 시절___45
잡초___46
갈대숲 찾아___47
매미소리1___48
매미소리2___50
아름다운 극본___51
행복은 마음 속에___52
소중한 만남___53
기다림___54

3 그리움이 쌓이면

오월의 노래___56
소중한삶___57
모정___58
자화상(自畵像)___59
대형무대___60
예쁜 손녀 호정에게___61
귀여운 손녀 유림에게___62
그리운 사람___63
그리움이 쌓이면___64
낙화(落花) ___65
가을날___67
새 아침___68
LOVESTORY___70
먼동이 트기 전에___71
들국화 사랑___73
수영장의 건아들___74

4 노래하는 천사

인생유전(人生流轉)___76
노래하는 천사___77
금빛노을 바라보며___78
눈빛으로 쓰는 편지___79
황혼이 내리는 강___81
故 김수환 추기경님 善終___82
나의 기도문 1___84
나의 기도문 2___86
해외 입양을 보며 ___88
새벽이 떠오른다 ___90
상차림___91
목련 꽃 피고 질 때 1___92
목련 꽃 피고 질때 2___95
山은 종합병원___96
지하철 안의 넋두리___98

5 그리운 엄마

아름다운 눈(雪)__100
베란다에도 봄이__101
함박눈 퍼붓는 날__103
그늘에 핀 꽃__104
향기로운 가을__105
엄마가 가신 하늘나라__106
삶이 고달픈 날에__109
보고 싶은 엄마(어버이날 헌시)__110
푸른 숲속의 궁전__112
엄마의 생신(生辰)날__113
하늘 나라 __115
그리운 엄마__116
가을(고향 가는 길)__117
낙엽과의 대화__118
영혼속 메아리__120

6 동창생과의 만남

사랑의 묘약(妙藥)___122
동창생과의 만남___123
가버린 날들에 대한 회한(悔恨)___125
행복을 한아름 드립니다___126
모정___128
행복편지지___129
산 너머 오두막 집___131
솔바람 추억___132
친구를 보내고(작별)___133
그리움___135
푸른 산___136
여름날의 풍경___137
개구쟁이___138
힘없는 나그네___139
江가에 서서___141
그리운 친구___142

■ **수필** 보석사건___145
새 시집 발간을 축하드리며___148
매향과 같은 향기로운 시어들___150
새 시집 발간에 붙이는 말___152
임수홍 회장님 축사___155
자랑스런 나의 어머니___157

종각역에서 낭송회

1

봄이 오는 소리

이른 봄의 전령사 개나리는
누구에게 뒤질 세라 노란 꽃의 냄새
온 동래 풍기면서 자리 차지하고
뭉게 구름 살랑 살랑 피어오르면
동래 꼬마들 신이 나서 아우성이다.

봄이 오는 소리

새하얀 눈꽃도 개구리 소리에
슬슬 물러갈 준비를 하고
삶의 온갖 아픔 속에서도
대지에 생기가 물신 풍기면
우리의 마음속엔 조금씩 푸른 싹의
보리 내음이 자라고 있다

이른 봄의 전령사 개나리는
누구에게 뒤질 세라 노란 꽃의 냄새
온 동래 풍기면서 자리 차지하고
뭉게 구름 살랑 살랑 피어오르면
동래 꼬마들 신이 나서 아우성이다

아침부터 뜰 안에 서성이는 예쁜
참새들과 마당정돈하며 손님 맞을
준비하고 뒷산에 흐르는 물소리
추위에 찌든 자갈밭을 정화해준다

새롭고 소중한 봄이여. 어서 와서
모두 모두 기쁘게 아직 녹지 않은
잔설과 함께 일어서는 화창한 봄소식
담장 넘어 까치에게 전하고 싶다.

신년 수상

오늘이 庚寅年 음 새해 정월 초하루라고?
몇 억겁의 광음여류 속에서 어제의 달력 날짜 위에
마지막이란 점을 찍어 마무리한 채 새날 새 아침이라

오늘도 아침 산행을 시작한다 겨울산은 매우 숙연한 듯
그들은 낙목한천의 차가운 새벽바람을 온 몸으로 받으며
그들의 진실을 오늘따라 선명하게 보여주고 있었다

그 향기롭던 이름모를 야생화 들꽃보다 더 싱그럽던
신록과 현란한 오색 단풍들이 지고 없어도 쓸쓸하고
고독한 그들의 표정은 감동적으로 비추고 있다

그들은 눈이 내리면 눈을 뒤집어 쓸 것이고 인고의 날 참고
견디면 따뜻한 햇볕이 찾아와 잎과 꽃들을 매달아 주겠지
하얀 싸락눈이 뒤덮인 채 살얼음이 되여 있는 바위를 보며
융단을 깔아 놓은 듯 즐비하게 떨어진 낙엽을 밟으며
오솔길에서 그들로부터 모진 생명의 실상을 전달 받는다

내게도 자기반성과 자아성찰을 촉구하는 사유의 고마운
한 계절인지도 모른다 새날 새 아침의 해가 청명했으면
좋으련만 숙취에서 깨여난 머릿속처럼 흐리멍텅해 있었다

새해 새날을 반기는 뜻으로 선주후반(先酒後飯)
우선 술부터 먼저 준비해 봐야겠다.

庚寅年. 음력 초하룻날에

김유정 문학기행 1

꽃눈

하얀 눈꽃의 전주곡이 하늘에서
하루 종일 울려 퍼진다.

저 건너 산등성이에 하늘거리는
나뭇가지는 아무 잘못도 없이
무거운 짐을 들고 버들버들 떨면서
축 늘어져 온종일 벌을 받고 서있다

동네 꼬마들 비탈진 눈밭이 좋아
때굴때굴 땍때굴 쭈루르 딩굴고
꼬리 흔들며 좇아 나온 강아지
비실 비실 흘러간다.

고개 길은 반짝 반짝 건넛마을
인자하신 대머리 할아버지 닮아있다

아름다운 봄을 기다리는 마음속에
파릇 파릇 청춘의 새싹이 솟아올라
상큼한 봄노래 우리 속으로 달려온다.

기다리는 봄비

빗방울 떨어지는 소리로
꿈에 그리던 봄소식 듣는다

유리창에 부딪치는 물방울
나뭇잎에 내리는 정겨운 속삭임에
달콤한 봄비 입속에 가득 물고 달려온다

저벅저벅 봄 동산을 향해
걸어오는 희망찬 메아리 소리
온 종일 봄비 내리는 날이면

빗줄기에 곱게 옥구슬 꿰어서
올망졸망 사랑의 선물 만들어
뒷집 똘이 목에 걸어주고 싶다

소리 없이 내리는 봄날의 서정 시
동구밖 저 멀리서 흘러온다.

꽃 신발

새로 산 어여쁜 꽃 신발
산천초목 호령하며 천리를 뛰어간다
물집 잡힌 발이 쫓아가느라 피곤하단다

논두렁 밭두렁 걸을 때 벗어든 새 신발
내 품안에서 쌔근쌔근 졸고 있다

방황하는 외로운 나그네 새 옷 갈아입고
승천하고파 남은 철리를 쫓기 위한 듯
앞지른 빠른 세월 잡으려 날아간다

서서히 따라오는 노을과 숨박꼭질하며
여울목으로 가는 길엔 달빛도 무심한가
두 눈 꼭 감고 아름다운 세월 품에 앉는다.

겨울 송가

진홍색 정념과 열정을 곱게 불사르다

고운 옷 벗어 던지고 열반에 든 겨울나무
주어진 운명 앞에 꿋꿋이 순응하고 있는
그들의 참 모습들

심연의 밑바닥 긴~ 한숨 소리인 듯
서럽게 들려오는 겨울바람 소리…

화사한 햇볕 우리 곁을 찾아와서
풍성한 잎새와 꽃들을 훈장처럼
매달아 주는 날 바람 속을 헤집으며
귓전에다 속삭여줄 사랑한다는 달콤한 소리

하얀 눈꽃 융단이 깔린 겨울 산길
모진 생명들의 실상을 전달받으며
산속 길을 훨훨 떠다니고 있다

찬 바람은 나무 끝에 불고 밝은 달은 눈 속에 찬 한 시절. 어디선가 열기와 희망이 용솟음치는 우렁찬 합창곡 "환희의 송가"가 차가움에 지친 영육을 따뜻이 보듬어 준다

겨울이 깊어지면 봄이 어찌 먼 곳에 있으리.

새싹 친구

친구가 보고 싶을 때 발걸음이 머무는 곳
추위를 이겨내고 파릇파릇 싹이난
고사리 같은 어여쁜 아기손

자그마한 화분의 예쁜 새싹들 목이 탈까
두레박에 생수 가득 담아 살살 먹여준다
추운 겨울 이겨낸 아름다운 봄소식

봄 바람소리 귀전에 머물게하고
예쁜 꽃 피어 즐거움 주려고
햇님따라 불꽃처럼 달음박질한다

햇살 가는 대로 대공을 이어가며
바람이 흐르듯이 기다리면 형형색색
환상적인 청춘의 결실 달아주겠지.

가족사진 (시부모님과 3남매)

봄날 오후

화창한 봄날 오후
나무도 피곤한지
비실비실 졸고 있다

살살 거리는 봄볕은
아장아장 환한 웃음으로
쏜살같이 달려온다

빛 고은 푸른 잎은
목이 탈까 봄비 가득 담아
졸고 있는 나무 위로 내던지고

살긋 시린 바람 끝에 놀란
새소리만 왈칵 쏟아진다.

어부의 아내

대 자연의 장엄함이 용솟음친다
저 건너 바다 위로 갈매기 때가
춤을 추며 장관을 이루고

환상적인 어부들의 생명줄 바다
그 속에서 어부들이 삶을 건진다

안개와 바람 파도 두려움의 산실
어부가 그물을 올리면 너울 너울
파도가 하늘로 날아간다

싱싱한 고기들은 반짝반짝 춤을추고
바다와 싸우는 남편이 힘들새라
어부의 아내는 가슴이 조여오고

야속한 갈매기는 왜 저렇게
바다를 뒤흔들어 놓는지
힘들어도 즐거워라

자식들에게 거름이 되어 주기 위하여...

영롱한 보석 석류

고귀하고 아름다운 보석 석류
뉘 작품(細工)이 이렇게 영롱할까

빨간 주머니 속의 이 화려한 보석
어느 장인의 열정으로 이렇듯 오묘하지

은사로 꿸까 금사로 꿸까?
하나, 둘, 셋, 금실에 꾀여
아름다운 목걸이 반지 만들어

저 산 넘어 순이 시집갈 때 줄까
뒷집 돌이 장가갈 때 줘야지……

심술쟁이 우리 집 오줌 싸게 울보
앙앙히는 샘이 나서 엉~엉~엉
소리 지르며 슬프게 울고 있다.

등잔불

청국장 냄새 물신 풍기는 꽃밭 속 우리 집
등잔 하나로 양쪽 방 밝히고

굴뚝에 하얀 연기 모락모락 피어오르면
저 산 넘어 해님은 숨바꼭질 하느라
어디론지 숨어버린다

산속 토담으로 만든 귀뚜라미 재갈대는
아름다운 토굴 속은 적막이 흐른다
뜰아래 벗어놓은 검정 고무신도
피곤한지 나란히 잠들어있다

반딧불에 의지하던 예쁘고
아름다운 풍경이 그리워진다
청명하지 못한 짓눌렸던 세월
파란 구름 속으로 달려갔는지

아물 거리던 옛날이
가슴 속으로 밀려온다.

오월

가슴 벅차게 하는 시냇물 소리
졸졸졸 흐르는 물 사이로
파란 너울 예쁘게 쓰고
아지랑이들이 나들이 하네

밤새워 꽃단장하고
수줍어 얼굴 붉힌 채
하늘거리는 오색 바람 타고
빵긋 웃으며 누굴 찾아오셨나

올망졸망 오월의 꽃망울
한 아름 품에 앉고
내 가슴에 잠들려하네.

학춤(鶴舞)

너울너울 덩실 덩실 춤을 춘다
학(鶴)보다 더 고운 자태로

춤꾼들의 열정이 학으로 변하여
관람하는 관객의 혼을 빼 간다

충화된 너울거림의 춤 동작은
천상의 선녀보다 더 아름답다

무수히 많은 학들도 군무를 이루며
그 큰 날갯짓으로 보란 듯이 춤을 추고

학과 춤꾼들과 우리의 영혼은 하나 되어
하늘에서 한없이 두둥실 두둥실
춤을 추며 날고 있다.

가을 山

아름다운 명산이 많은 한국의 산야
환상적인 울창한 산 편안하고 신비한 능선
어미의 젓무덤처럼 포근하다

형형색색의 가을산 공중쇼의 전령사
빨간 고추잠자리들 풍성하고 울창한
가을산은 겨울산에 쫓겨서 슬슬 물러간다

겨울을 준비하느라 푸르름은 얼마나 바쁜지
가을숲을 둘러 메고 다급한 손짓으로
화가들에게 붉은 색을 칠해 달라 재촉하며
벌거벗은 가을을 마시고 있다

떡갈나무 밑둥이로 지팡이 집고
숨을 몰아쉬면서 누가 부르는지
높은 고지를 바라보며 작은 발로
한발 한발 찾아 오른다

화가들의 멋진 그림을 보기위하여……

법당(法堂)

깊은 산사의 노승은 부처님
염화미소(拈華微笑)바라보시며
똑딱똑딱 밤을 새며 발원하시고

애절한 목탁 소리 누구의 아픔인가
깊고 깊은 산 속 울려 퍼져
하늘 향해 메아리치네

차디찬 바닥에 엎드린 보살님의
애처로운 백팔 번뇌 저승 업보
너무 많아 밤새워 염불하시며

저승 업보 지울 수 없어 밤새워
천수경 외치시니 한삼 자락에
스며든 극락정토 보이신다네

산사에서 들리는 목탁소리
누구를 위함인가 밤세워 두드려서
갈 수 있는 극락이라면 백일인들
천일인들 무엇이 두려우랴 마는

산사에서 은은히 들려오는 염불 소리
평생 지은 내 죄를 돌아보라는 외침인가
내 귀전 울리는 우렁찬 염불 소리
내 가슴에 통곡이어라.

아름다운 노년

자비는 고요히
눈가에 서렸고

은은한 미소
입가에 머물렀으니

지혜는 맑은 뇌리 속
풍요의 향기로 그윽하다

온화한 생 푸르도록
곧은 정기 사랑의 향기로
넘쳐 온 세월……

누구나 선망하는
최고의 경지

아! 눈부시게 아름다운
우리의 노년.

2

만추상념

화려 무비했던 지난날들을 축복 하려는 듯.
붉은 깃 활짝 펴고 화려한 유혹의 몸짓으로
쉼 없이 춤추는 낙엽의 군무는 삶의 의미를
유추케 하는 황홀한 명상의 계절이다.

환상적인 바다

바다에 점점이 박혀있는 아름다운 섬

그 가운데 우뚝 서 있는 멋진 등대
거센 풍랑 속에서도 꿋꿋이 서있다

우리가 갈망하는 밝은 세계로
떠나갈 수 있는 大路 그리운 바다
잔잔한 파도 속으로 흘러든 세월

환상적인 바다는 인생의 꿈
고요히 비치는 아름다운 영상

바다에 우주선을 띄우고
지고선의 무지개 꿈을 싣고
광활한 세월 속으로 흘러가리라.

만추상념

온 누리 산과 들을 추색으로 물들인
단풍의 절정 봄 여름 가을 겨울(元亨利貞)
자연의 섭리에 따라 긴 생애에 또 한 번의
가을이 속절없이 저물어 가고 있다

화려 무비했던 지난날들을 축복하려는 듯
붉은 깃 활짝 펴고 화려한 유혹의 몸짓으로
쉼 없이 춤추는 낙엽의 군무는 삶의 의미를
유추케 하는 황홀한 명상의 계절이다

지난 봄
꽃잎의 눈부심에 질세라 그 꽃잎의 흔들림보다
더욱 현란한 자태로 한 시절을 예찬하며
끝없는 희열의 외침과 찬사를 터뜨리게 하는
풍경이 서산마루 곱게 물들어 오는

금빛 노을을 연상시켜 만추상념의
애달픈 영혼 하나 그리움에 잠긴다.

설악에 피는 꽃

푸른 숲 지나 내딛는 발걸음
솔향기 너울대며 가슴에 부딪히면
파란 하늘 나뭇가지에 영그는 주홍 햇살

투명한 수정체 물 구슬 구르는 계곡
풀벌레 나를 반겨 자지러지는 웃음소리
함빡진 미소로 설악을 품었다
코끝에 맴돌아 온 천년의 솔 향도
그렇게 나를 반기어 품었구나

아, 이런 행복이어라
작은 산인의 가슴을
그렇게 애틋하게 감싸는 사랑
흐르는 땀방울이 힘겨우랴

차오르는 숨 가쁨에 산 오름을 포기하랴
내딛는 내 발걸음이 세상을 다 돌아가듯
걷는다해도 나는야 설악으로 가련다
뉘인들 내 발길 잡으려나

빙글 빙글 돌아 천년을 걷는다
해도 평생을 설악 찾아가련다

나는야 설악이 좋아라
이곳에만 오롯이 피는 설악의 꽃.

희망(希望)

단단한 콩크리트 바닥
암흑 속의 질곡을 비집으며
지표 위로 얼굴을 내민 저 가냘픈
보랏빛 제비꽃 한쌍

고해화택(苦海火宅) 속에 날리는
은은한 보살의 미소를 머금은
외로운 그 모습 서러워라

고통 그 절망들을 침묵으로 깨뜨리며
솟이 올라 희망을 보여주는 애달픈
인내는 지신과 태양의 축복을 받아
드디어 땅위로 솟구치는가?

때로는 삶이 힘들어도 솟아오른
제비꽃처럼 힘찬 용기로 이어가길....

행복한 시간

선잠에서 깨어난 새벽
조용한 안식의 시간 의식이 들자
불현듯 떠오르는 애린의 이 순간은

가슴 저리게 하는 서정 시를 읽듯
사랑과 희열이 함께 묻어나는 따뜻하고
진한 정감이 살갑게 떠오른다

굽이쳐 흐르는 세월 격랑 같은 삶의
뒤안길을 휘돌아 온 슬픈 얼굴 위에
곱게 사윈 상념이 희비로 얼룩진 세월

추억의 이야기들 속에는 언제나
동화 같은 아름다운 사연들이 혈륜의
나이테 위에 결고운 주름살로 서려있고
손 끝에 걸려있는 바람에도 무심한 별빛

그리워하는 시간의 흐름은 걷잡을 수 없이
질주하는 세월처럼 빠르게 흘러가고 있다

간밤, 꿈없이 깨어난 새벽 싸늘한 바람이
내 마음으로 숨어들어 미소 짓고 있습니다.

엄마의 품속

꽃과 싱그러움이 온통 한데 어우러진
축복 받은 계절 화창한 청춘의 날에
꽃 속에 잠든 한 마리 호접과도 같이
아기는 엄마의 품속에서
조용히 잠이 들었다

사랑과 평화가 짙게 어우러진 화폭 속에는
먼 훗날을 기원하는 간절한 엄마의
기도가 스몄다 사랑 사랑 내사랑아 !

바람이 불거든 풀잎처럼 고개 숙여
숨어있고 천둥 번개 몰아치는 날에는
젖은 몸 함초롬히 움츠려 들라고...
햇살 속에 비춘 엄마의 눈가에는
송골송골 이슬이 맺혀졌다

엄마의 품속은 태초의 요람 외로울 때
고달플 때 언제나 그립고 서러운
내 영원한 마음의 고향이다.

어린 시절

할머니도 어린 시절이 있었느냐고 묻는
손녀의 초롱 초롱한 눈빛 속에 까마득한
옛날 잊었던 추억이 주마등처럼 스친다

바람 그리고 꽃과 나비로
오색 커튼 둘러치고 파란
구름으로 멍석 만들고

모래알로 밥 해놓고 깻잎
호박잎 나물 무쳐 사금파리
소반 위에 휘영청 차려놓고
동네 꼬마 불러 신랑 각시
놀이하던 유년의 나날

너울 너울 안개 면류관 쓰고
앵두 목걸이에 꽃반지 끼고
소달구지 가마에 올라앉아

고사리 손잡고 티 없이 웃던 시절
할머니 어린 시절을 묻는 어여쁜
손녀의 눈 속에 그때의 내가 있다.

잡초

바람 노니는 강둑과
산과 들에 소복이 쌓여
온몸 부대끼며 우는 잡초

비교할 수 없는 끈질긴 생명력
뿌리째 뽑아 내던지면 보란듯이
하늘을 향해 다시 뿌리를 내리는
집요함

꽃 피면 나비 온다지만
영롱하고 아름답지 못한
잡초와는 연이 없다

벌 나비 날아와 슬며시 비웃으며
입맞춤 한번 하지 않는다 하여도
그대 볼품없다 놀리지 마라

인간사 고난의 허방에 빠지면
잡초 같은 인생이라지만

당당하게 일어서는
잡초의 저 굳센 의지를……

갈대 숲 찾아

메마른 갈대들이 온 누리를 휘젓는 그 곳
지하철 타고 갈대 찾아 떠나는 발걸음

파란 하늘 희망찬 태양 갈대향 느끼며
재촉하는 설레임 인근에 버티고 서있는
갈대들의 보금자리 하늘 공원으로

군무의 행진이여
만인의 인파들 속으로 밀려간다
모진 고통 이겨내고 흐느껴우는 갈대
풀벌레 소곤대는 아름다운 대 자연
갈대들의 한들거림과 부딪히는 소리

오롯한 정에 발목잡는 갈대들이여
그들의 몸부림으로 흐르는 바람과
구름따라 떠나 가련다.

매미 소리 1

낡은 소파에 비스듬히 걸터 앉은 채
애잔하게 울려 퍼지는 슬픈 음율의
'심포니'를 들으며 졸고 있다가 깜빡
오수에 빠져든 채 한줄기 꿈을꾼다

꿈 길 속을 헤집고 아련히 들려오는
한 가닥 서러운 울음소리……
어디에선가 날아온 매미 한 마리가
내 집 베란다 방충망에 달라붙은 채 짙게
쉬어버린 목소리로 그동안 그렇게
서럽게 울고 있었나 보다

이슬만 먹고 살면서도 청아한
목소리로 더위에 지쳐 가을을 고대하는
사람들의 마음속에 위안과 희망을
희사하던 너였건만 작열하는
폭염의 질곡 속을 견디다 못해
몹시도 쇄잔해버린 그 목소리
서럽게 내 마음속을 파고드는구나

아 ~ 이제 곧 소슬 바람 불어와
그 옛날 대감님들이 너의 날개를
본따서 만들었었다는 ‘익선관’
그 해맑은 뒷날개를 흔들어대면
가엾은 너의 몸은 말라 바스러져
한 줄기 바람 되여 어디론가
흔적도 없이 사라지겠지.

매미 소리 2

눅눅한 땅속 통로를 찾을 수 없었던
거대한 어둠 기나긴 세월의 허물을 벗고
이제는 애끓는 기다림의 노래를 불러야 한다

빈곤의 어둠 속에서
긴~ 긴 세월 휘돌아 왔건만
짧은 생이 원망스러워

무모한 몸짓으로 온몸을
불 속으로 던지는 불나방이
되고싶었던 것일까?

여름밤 공원의 한 모퉁이
눈이 멀 것 같은 라이트 불빛을 향해
맹목의 사랑으로 뛰어든 매미의
주검들이 나뒹굴고 있다

아직도 여름은 한창인데……

아름다운 극본

믿음직한 동행자와 한마음 되어
인생의 봉우리에 우뚝 서 있다

산수가 좋아 어깨를 나란히
그대와 아름다운 음율로
흔들리는 마음을 달래가며

서투른 운명의 극본을 쓰고
인생의 대형무대 위에 서서
아름답고 멋진 연극으로
관객들의 찬사를 받으면서
황홀하고 행복하게 살아왔다

지난 세월 장미 빛으로 가슴에 담아
금빛 햇살로 보관하리라.

행복은 마음 속에

자그마한 가슴속에 사랑의
별들이 모여 출렁이고 있다

풍요로운 마음을 비단실에 묶어
한 바구니 싣고 달려왔다
정성드려 만든 달콤한 곶감을

화려하지도 않은 값진 선물
천년 세월이 흘러도 변치 않을
바람 조각도 소중한 따스한 손길

서로 의지하며 아껴주고 나눔도 함께
우리는 사랑을 함께 이어가고 있다
영원토록 함께하길……

나에게 주어진 오늘 하루가 얼마나
소중한지 초심을 잊지 말고
행복을 잉태하리라.

소중한 만남

겹겹이 얽어진 소중한 만남은
영원한 아름다움이 아닐까
우리 모두가 그물처럼 얽혀있고

칠흑 같은 밤의 요동 밤하늘을 향해
쏘아올린 폭죽의 숭고한 불꽃들이
우리를 묶어주는 아름다운 별이 되어
하늘에 둥실 둥실 떠다니고 있다

강물이 흘러 흘러 바다에서 만나듯이
우리도 참된 모습으로 향기를 마시며
사랑에 결실로 남아 있음을

하늘도 땅도 막지 못할 우리의
응고된 인연은 영원할 것입니다.

기다림

당신 만날 수 있는 그날이 오면
석양에 반짝이는 노을을 보며
저 멀리 갈매기 때가 흐르는
수평선에 바람 한 조각을 본다

바다에 떠있는 아름다운 등대를 보며
하염없이 가노라면 나타날 하늘솔개들
때 묻지 않은 짧은 순간의 황홀함

조약돌을 헤집고 간절한 마음으로
기다리는 향기로운 가을밤이 깊어간다

평화로운 마음과 기쁨으로
훨 훨 허공을 마음껏 날으며
어리석은 방랑자 되리라.

3

그리움이 쌓이면

화창한 봄날의 따사로움과 평화가
상큼한 레몬 향기처럼 풍겨 나오는
정다운 이야기를 도란도란 나누며
아름다운 추억으로 뜨겁게 잉태되어

오월의 노래

연 초록색 잎사귀들을 무성하게 매단
나뭇가지들이 부드러운 오월 훈풍에
흔들리면서 황홀하게 노래부르며
춤사위를 펼치고 온 동내 잔치한다

깨끗한 하늘과 찬란한 태양의 포로가 된
주홍빛 노을 수줍은 처녀의 얼굴같이
짙푸른 산과 들에 화가들의 그림잔치
산을 시혜하는 아름다운 계절 오월

파랗게 물든 바람들이 훈풍의 향기를
혜량것 음미하면서 꿈길을 거닐듯
잔잔한 오솔길을 화려하게 수놓고 있다.

소중한 삶

살아온 삶이 단 하루도
소중하지 않은 날이 없습니다

긴 세월이라 하지만
순식간에 지나간 하루하루
아픈 날 즐거운 날 모든 날들이
희망을 이야기하고 살아갈 수 있어
즐거웠습니다

살아온 날들 모두 간직하고 싶은
것들이 너무 많아 매일 매일이
즐거움으로 가득하였습니다.

고통받은 날도 많았지만
이길 수 있는 능력도 배웠습니다
고통의 날들도 얼마나 소중한지
지나고 나서야 깨달았습니다

삶의 무게를 감사한 날들만
가슴속에 간직하였습니다.

모정

무슨 물체가 뚝 떨어졌다
갓 태어난 참새 새끼

주인과 산책 나온 강아지
먹을 것이 떨어지니
쏜살같이 달려간다

어디서 보았는지 깜짝 놀란
어미 참새가 푸드득거리며

강아지를 향해 온 몸을 부르르
상대의 눈을 향하여 맹공격이다
강아지는 절절 매며 머뭇거리고

에미는 새끼를 입에 물고
하늘 높이 유유히 사라졌다

어미의 극진한 사랑
새끼가 자라서 그런 사랑으로
아름다운 풍경이었다.

자화상(自畵像)

친구여! 어이 할꺼나

참숯불 같이 새빨갛게 이글거리던
내 영혼속 정념의 짙은 갈망들이
언제부터인가 두터운 재의 부피만을
더해가 날로 사글어 들고 있음을…

이제 개화가 불가능한 한 그루
나목으로 전락하고 말았단 말인가
응고된 고독을 삭여내는 씁쓸한
한잔의 술 향기로운 서러움이 묻어나는

한편의 서정시 강물 같이 흘러가는
한 줄기의 심포니는 내 마음 속을
불꽃처럼 헤집고 드는데

붉게 노을져 오는 사념의 강 언덕
나를 부르는 에덴의 늪 속으로 닿을듯
다가서지 못하는 애절한 그리움 이여

한 그루 나목으로 전락한 채 차가운
동천 아래 파르라니 야위어 가는 나는……

대형 무대

매일 대형 무대에 오른다
아름다움이 가득한 산 온갖 생명의
꿈틀거림을 보러 발걸음 재촉하여 산으로……

산새 지저귀고 햇살에 더욱 눈부신
녹색의 푸르름과 골바람 산바람의
합창으로 한 곡의 음률을 선사하는 산

저마다 신나는 율동으로 마음 넉넉하게 하는
산은 온통 풍요를 노래하는 것들 뿐이다
고귀한 생명의 은은한 속살거림을 들어보라

빽빽하게 들어 찬 나무들, 연약하고
가느다란 어린나무 중년의 키 큰 나무

노년의 거목이 모두 햇빛 잘드는
양지를 차지하기 위해 쉼 없이
서로 재잘거리고 있을 것이다

온갖 생명을 책임지고 우뚝 서 있는
이 거대한 대형 무대의 이 작품은…….

예쁜 손녀 호정에게

할머니는
예쁜 꽃이 되고 싶어
호정이 유치원 가는
길목에 예쁘게 피면

호정이 나비되어 사뿐히
내려 앉을 텐데……

할머니는
예쁜 연필이 되고 싶어
호정이 유치원 가는
가방에 가만히 숨었다가
호정이 예쁜 고사리 손에 잡혀
예쁜 글씨 쓸 터인데……

귀여운 손녀야 예쁘게 자라서
아름다운 엄마가 되어다오
할머니는 두 손 모아 기도한단다.

귀여운 손녀 유림에게

저 정원 속에 아름답게 피어 있는
한 송이 꽃과도 같이 너는 참으로
예쁘고 귀엽고 사랑스럽구나

봄 볕 같이 화사(華奢)한 미소 함초롬이
만면에 웃음 머금은 채 나를 부르며 내게로
다가 올 때면 너를 포옹한 채 치솟는
기쁨 가눌 길 없이 마냥 행복했었지

예쁜 손녀 유림아!
삶이란 정원 속에 아름답게 피어 있는
꽃들처럼 그렇게 매양 아름답고
즐거운 날들만 있는 것은 아니란다

천둥번개 몰아치며 폭풍우 내리는 날에는
몸을 움츠린 채 그 비가 멎기를 기다려라
다음 날에는 또 해는 뜨고 맑은 날은 이어질 것이니

저 정원 속에 피어 있는 한송이 꽃과도 같이
밝고 맑고 올바르게 자라 주기를
할머니는 두 손 모아 기도한단다.

그리운 사람

그대의 채취같이 향기롭고 짙은
오월의 라일락 꽃 향기가 솔바람 타고
내 피부 속에 깊숙이 숨어듭니다

아카시아 꽃잎이 내 어깨와 머리 위를
눈발처럼 까르르 떨어져 내리는 곳
바둑이와 자주 거닐던 이 오솔길

오늘은 어쩐지 가버린 그 날들이 그리워
어여쁜 추억 안고 외로이 걷고 있노라니
그대의 환상이 활짝 핀 한 송이의 꽃이 되어
나를 보고 웃고 있었습니다

타다 말은 모닥불이 뿜어내는 알싸한
몸짓으로 매운 연기 날려버릴 때
송골송골 맺혀져오는 이슬방울들이
햇빛을 받아 파란 노을로 떠나 버리자

호젓한 오솔길 나무 그늘아래 주저앉아
그리운 영상 떠올리면서 속삭여 봅니다

아! 그리운 사람이여…….

그리움이 쌓이면

그리움이 눈처럼 쌓여오는 날에는
코스모스 흐드러진 강 언덕에 홀로 앉아
비오롱의 슬픈 가락의 바람 소리 귓전으로
들으며 하염없이 흘러가고만 싶어집니다

화창한 봄날의 따사로움과 평화가
상큼한 레몬 향기처럼 풍겨 나오는
정다운 이야기를 도란도란 나누며
아름다운 추억으로 뜨겁게 잉태되어

온화한 손길로 즐겁고 행복했던
이 순간 별빛처럼 영롱하게
내 마음 속으로 솔솔 스며든다

노을이 아롱져 오는 황야의 벌판 위에
나란히 앉아 추억의 노래 다정하게
합창했던 그리운 사람이여 !

그리움이 눈처럼 쌓여오는 이 강가에
어둠이 내리면 강물따라 흘러가련다.

낙화(落花)

어느 외로운 청상의 흐느낌
긴긴 여운의 싸늘한 바람이
종일토록 불어와서 잔인하게

가냘픈 꽃잎들은 공중과 땅위에서
하늘하늘 휘날려 내 어깨 위로
눈발이 내려 쌓이듯 그렇게 까르르
하늘 높이 훨훨 꽃잎들을 뿌린다

바람은 꽃잎들이 떨어진 마디마디에 짙은
고독과 시름들을 알알이 새겨 매달아 놓고
그들을 몰고서 어디론가 떠나가고 있다

그 황홀한 밀월을 함께 즐기던 한 시절
짧은 생애를 매듭하는 꽃들의 기나긴
장례 행열속에 서서 바람과 꽃과 같이
울고 있다가 떠나가는 그들에게

마지막 인사를 독백처럼
조용히 속삭여 보았다네

안녕 그리고 또 안녕
바람 불어 꽃잎 지던 날.

가족 나들이

가을날

쉼 없이 흘러가는 영겁의 세월 위에
내 생애 또 한 번의 가을날이 영글었다
그리움에 하얗게 표백된 영혼 속으로
안개꽃처럼 하얗게 피어오르는 영상

때로는 노도처럼 요동치는 격정의 세월
절망과 서러움에 하염없이 울던 날도 있었지
어둠이 짙어올수록 밤하늘의 별빛은 더욱
빛나듯이 세월은 강물처럼 자꾸 흘러간다

날 저문 창가에 황혼이 짙어오면
무지개 빛 아름다움에 설래던 내 영혼과
열락의 종소리 울려주던 달콤한 사랑의
영상이 단장된 채 내 영혼 속을 헤집고 있다

싸늘한 미풍 속에 하롱대는 가냘프고 어여쁜
코스모스 어느 외로운 청상의 모습같은
들국화 꽃향기 서러운 날들

낙엽이 창살을 휘 몰아 치는 가을밤
그 긴~ 밤을 어이 견디리.…….

새 아침

구름 속에서 열리는 싱그러운 새 아침
빛나는 태양이 내 가슴속으로
살포시 파고 들어온다

천둥 번개 몰아치던 어제의 일을 잊으라는
고마운 태양 어린 아기의 빵긋거리는
해맑은 웃음이 맑은 햇살로 연상된다

기나긴 세월이라 했던가
번개처럼 지나가버린
순풍의 세월속으로

오늘도 동행자와 아름다운 음률로
마음을 달래며 내일을 기다린다

저 멀리 들려오는 아름다운 풍경소리
산수가 좋아 어깨를 나란히
인생의 봉우리에 우뚝 서있다

산들바람도 영혼의 안식도 잔잔하다
은하를 이루는 깊은 숲 사이로
바람과 구름따라 달리고 싶다.

LOVE STORY

아름다운 창공의 구름과 함께
다시 한 번 그대와 걷고 싶어요

내 곁에서 떠나지 않겠다던 약속을
잊은 채 내 안에서 멀리 가버렸다

GOOD BYE
라는 인사 한마디 남기지 않고
당신과 같이 걷던 오솔길 속의
아름다운 그 모습을 회상해 봅니다

사랑이란 슬픔만 남는 것 하지만 이제는
이룰 수 없는 환상의 미소로 쓸쓸한
어둠 속에서 당신 찾아 해매고 있답니다

백년 천년을 살아도 상회할 것 같은 애심
천년 후에도 당신 그리움이 남아있을지

붉은 빛 뚫고 지나가는 청춘남녀가
사랑을 속삭이며 창공을 향해
질주하고 있습니다.

먼동이 트기 전에

먼동이 트기 전에 길을 떠난다
동토에 묻혀버린 이 마음
결고운 빛 시선이 모이는 곳으로

녹음 위에 눈이 부시도록 설렁이는
보리순의 저 물결처럼 닫힌 마음
살랑살랑 녹아 버릴까

천년 고택이 퇴색해서 소진된다 하여도
숨 쉬고 있는 한 찾아 헤매고 있음을

구비 구비 같이 걷던 그 길은
어디로 사라졌는지 아무리
찾아도 보이지 않네

날개를 달고 더 높이 더 멀리
활공해보자 보고파하는 그리움도
먼동이 트면 사라지겠지.

여고 동창생

들국화 사랑

그리운 사랑이여 찬란한 태양보다
아름답고 향기로운 들국화여

햇님처럼 방긋이 웃고 있는
간밤에 마실 나온 노루새끼들
사랑에 영상을 아련히 떠올려 봅니다

하얀 국화꽃이 온 누리 만발한 채
솔솔 불어오는 꽃바람 속에서
방황하는 별빛을 한아름 품에 안고
흔들리는 바람 속으로 흘러갑니다

창문 틈으로 흐르는 달빛
노랗게 익어가는 세월 끝을 움켜잡고
홀연히 떠나야 할 들국화의 추억들이여…….

수영장의 건아들

새벽이면 수영장으로 달린다
시원하고 멋진 모습들 그곳이 아니면
아름다운 연출을 볼 수 없겠지

물이 용솟음 친다
두 팔을 벌려 치솟아 오른다
독수리처럼 두 날개를 벌리고
떠오르는 모습 용맹함의 상징이다

용광로에서 두들긴 강철 같은 몸매
강사들의 구호에 환상적인 다이빙
멋진 동작이 기계의 움직임이 아닐까
아름다운 동작으로 승화시킨다

그 곁에 어여쁜 인어들의 행렬
남녀 조화의 아름다움
새벽잠도 설치고 운동을 하며

직장을 가기 위해 빠른 걸음으로
돌아가는 사랑스런 젊은이들이
하늘 높히 훨훨 날고 있다.

4

노래하는 천사

부드러운 숨결로
흐르듯이 달려갈 수 있도록…
한시라도 빨리 달려가고 싶어라.

인생유전(人生流轉)

천년의 세월도 수유라는 불가의 말씀처럼
인생은 번뇌업에 의하여 삼계육도 표류하며
쉼 없이 흘러 흘러서 가고만 있는
존재일 따름이리라

황토빛을 띤 채 흐르고 있는 도도한 세월
우리들 인생의 희노애락을 세월의 수레 위에
실은 채 밤하늘의 유성처럼 날려 보내버린
과거를 다시 불러올 수가 없을 것이다

지나간 날들의 원한과 시름들을
마음속에서 털어낼 수만 있다면
우리네 생은 지금보다 훨씬 더
행복할 수 있는 여지가 있는 것을

지나간 날들의 쌓인 원한과 시름들을
우리들의 마음속에서 털어내 보라
굴레에서 벗어난 소박한 행복이 내게 오리라.

노래하는 천사

그대만을 위하여 노래하는
바람되어 두둥실 떠다니고 싶어라

흐르는 바람이여
그대 곁에 갈 수 있도록
뭉게구름이여 내 손 잡아주오

부드러운 숨결로
흐르듯이 달려갈 수 있도록
한시라도 빨리 달려가고 싶어라

눈멀고 귀먹어도 그대 곁에 있다면
그대만을 위하여 살고 싶어라

노래하는 천사되어 고운 음률로
그대 좋아하는 고운 노래 부르리…….

금빛노을 바라보며

온몸 불사르던 여름날의 환희도
푸른 물살 뒤흔들며 폭풍우 내리던
불청객들도 아련히 사라져 가버린 채

태양은 희망의 파랑새되어
조잘대며 흘러가는 파란구름을
화려하게 꽃 피우고 있습니다

흘러가는 구름도 방황하는 별빛도
칼날 같은 세월의 늪 속으로 서서히
밀려들고 쿵덕쿵덕 가슴만 울렁인다

냉정한 마음으로 고독을 밀어내니
솜사탕 같은 아름다운 황혼의 풍경이
흰 구름 벗삼아 놀던 동심에 향기들
한없이 아름다워 보일뿐입니다.

눈빛으로 쓰는 편지

눈빛으로 인사하며 떠나간 그대
천년을 동행하기로 약속해놓고
긴 세월 무엇이 그리도 급했을까

세월 속으로 묻어둔 안타까운 사연들
새까만 가슴에 반짝이는 조각들을 모아
추억을 다듬고 있으나 몇 년을 써도
다 쓰지 못해 끝을 맺지 못하였습니다

마무리하는 날 끝맺음을 할 수 있을지
조급한 마음 달래며 헝클어진
파란 하늘을 들여다봅니다

열정을 품으며 진실을 담아
오솔길 끝까지 달려왔는데
검은구름 사이로 하얀 조각달만
살포시 웃으면서 쳐다보고 있네요

인생은 바람 같은거라고…….

생전의 아버님 모습 (인천당 약방 경영/약사)

황혼이 내리는 강

한 번 가면 뒤돌아오지 않는 강물은
잔인한 세월의 흐름을 반영합니다

강물이 흘러서 가는 그 곳 멀고 먼
생의 여로 말로만 듣던 피안의
세계로 따라 가야할 인생

일흔의 물 구비로 굽이쳐 우뚝 솟은
바위와 마주하고 급류 속 뿌리 내려
수심에 겨운 암초와 애련의 눈빛으로
휘휘 돌아 또 밀려간다

생의 서산마루 일흔 개의 산봉에
단풍처럼 곱게 노을이 물들면
망각의 세계로 떠나가련다.

故 김수환 추기경님 善終

우리의 등불이신 당신은 가셨습니다
나라의 어려운 일이 있을 때마다
우리를 지켜주시던 당신

우리는 누구를 믿고 살아야합니까
긴 행렬 보이십니까
어두운 곳 밝게 지켜주시던 당신
이제는 너무 힘들어서
잠시 쉬시려 가셨겠지요

우리를 사랑으로 지켜주시느라
그동안 얼마나 힘드셨읍니까
우리는 사랑도 배웠습니다

우리는 그 힘든 일을 하시는
하늘같으신 당신께 아무 것도
해드린 것이 없습니다

나라의 기둥이신 당신을 보내드리기
힘들어서 긴 행렬로 가슴 달래면서
온 국민이 통곡하며 아쉬워 했습니다

이제는 모든 시름일랑 내려놓으시고
편히 잠드소서 두 손 모아 기도합니다.
큰 별이신 당신을 보네 드리면서…….

(故 김수환 추기경님 선종에 명복을 빕니다)
2009. 2.

나의 기도문 1

주님이시여 !
당신에게 아무런 댓가(代價)를
드리지 못하는 허망(虛妄)한
요구는 하지 않겠습니다

제가 저 자신을 지탱하도록
함부로 돕지 마시고 의미없는 손길을
뻗어 남을 돕지 마시옵소서

당신이 몸소 겪었던 고난과 슬픔
그리고 온갖 고뇌와 치욕을
저에게도 맛보게 하소서

그러나 무거운 짐을 지고 견디다 못해
쓸어질 때 그때는 저에게 깨달음과
가르침을 주소서

당신도 그렇게 하셨다는 것을……

그리고 언제나 차갑고 삭막하기만한
이 마음속에다 위대하고 자비하신
당신의 능력으로

사랑의 불 지피시어 당신의 그 말씀과
사랑을 몸소 실천하고 행동할 수 있는
깨달음과 힘을 내게 내려주시옵소서

그리하여 참된 삶의 즐거움과 보람이
이 마음속에서 언제나 충만한 가운데
당신의 품속에서 기쁘게 살아갈 수 있는
진정한 사도가 되게 하여 주시옵소서……

이 모든 말씀 사랑이 가득하신
주님에 이름으로 기도 드립니다. -A. MEN-

나의 기도문 2

전능하신 주님 어둡고 먹구름이 가득한
제 마음에 행복의 열쇠를 받았습니다
닫힌 마음의 문이 열리기 50여년 항상 자신에게
충실하지 못했음을 이제야 고백합니다

주님
한숨과 막막함이 가슴을 막고 맥이 빠져 일어날
기력도 없이 눈물과 한숨만 짓고 있었습니다
이 척박한 마음 다시 일어설 수 있는
용기를 주셔서 감사합니다

자신에게 지키지 못한 약속들
무슨 핑계가 그리도 많은지 이제야
밝은 미소로 주님을 영접하고 깨달았습니다
저에게도 주님의 사랑이 잉태되었습니다
주님으로 향한 삶의 여정 더 높게
더 깊게 하여 주시옵소서

주님 화사한 웃음의 문으로 들어서는 저에게 힘과
용기를 주시고 어떠한 어려움도 좌절하지 않고
주님을 의지하는 삶이 되겠습니다
온갖 생명을 책임지고 우뚝 서 있는 이 거대한
우주의 주인이신 하나님 찬란하고 빛나는 온 세상의
모든 것이 하나님의 은혜로움에 감사합니다

잠자는 마음을 서광의 빛으로 반가이
맞아주실 것을 느끼며
주님께로 향하게 하신 사랑하는 친구
임선옥님과 김성자님께 감사합니다

이 모든 말씀 사랑이 가득하신
주님에 이름으로 기도 드립니다. -A. MEN-

해외 입양을 보며

모란꽃 같이 활짝 핀 얼굴
몽실몽실한 두 뺨이 불그스레하다

반짝이는 눈망울 방실방실 까르르
코 큰 엄마 아빠를 보며 눈치를 챈 것인지
품에 폭 안겨 쌔근쌔근 잠이 들었다

우리가 너를 보듬지 못하고
남의 나라에 보내는구나
그렇지만 나쁜 것만은 아니겠지

서양 엄마 아빠 잠든 아가 보며……
먼 이국땅에서 너를 찾아왔단다
내 너 사랑으로 잘 키워줄께 약속한다

그러나 자라면서 얼굴이 다름을 알고
실망하면서 얼마나 가슴 아파 할까
아가가 떠나는 것을 보면서 가슴이 아프다

아가야 좌절하지말고 잘 자라거라
20년 후에는 뿌리 찾아 고국으로 달려오겠지
우리 모두 예쁜 너를 보네면서 울고 있단다
네가 오는 그날을 기다리면서…….

새벽이 떠오른다

어둠에서 살포시 얼굴을 내미는 태양
만인에게 밝은 웃음 주려고 피곤함도 있고
큰 눈 비비며 하늘 향해 솟아오른다

아름다운 붉은 태양이여 같이 솟아올라
뜨거운 행복의 열기로 당신 맞이하리라

어둠이 붉게 물든 하늘을 품어내면
부푼 꿈으로 달려 나와 커다란 희망 속에
슬픔도 어려움도 모두 벗어 던져버리고
환희에 찬 크고 작은 새 생명을 잉태하겠지

어려움이 있을 때도 즐거움이 있을 때도
사랑에 손을 들어 함께 나눌 것이다

아름다운 마음을 함께 나누고싶은
사랑 찾아 모든 시름 벗어던지고
별처럼 아름다운 오늘을 멋지게 보내리라.

상 차림

아름다운 명산 산성 중턱
음식점들로 가득하고
계곡의 좋은 자리는 밥상으로

좔좔좔 흐르는 계곡의 맑은 물은
설거지 오물로 더러운 하천
옛 산의 정취는 어디가고
손님 맞는 상차림 뿐일까

명산에 대한 기대가 얼마나 많은가
산신제도 지내고 많은 사람들이
나름대로 소원을 비는 곳도 산이다

건강을 다짐하기 위해 체력단련과
아름다운 마음 정화하는 곳

우리의 문화가 먹는 문화로 바뀌면서
가는 곳마다 형형색색의 음식점들
아름다운 금수강산이 몸살을 앓고 있다.

목련 꽃 피고 질 때 1

잎새도 없이 꽃봉오리 먼저 터져 나온
봄의 전령사 새하얀 목련꽃 푸르른
하늘 향해 환한 축복의 등불을 밝힌듯
올해도 또 이렇게 피어났습니다

활짝 핀 그 모습 수줍은 이조여인의
우아한 고전적 자태를 연상케하여
겨우내 메마르고 삭막했던
대지를 온통 눈부시게 장식하고

모진 바람이 나무 끝에서 울던 긴~~
겨울의 한 시절을 보내면서 봄을 기다리던
우리들의 마음속에는 희망에 찬 환희의
즐거움이 물결처럼 출렁인다

성숙하여 만발한 화사하고
순결무구한 꽃잎이지만
사월 훈풍의 바람이 불어오면 잎새만
남긴 채 흔적도 없이 가버릴 운명

모든 만상은 불가의 말씀처럼
재행무상으로 속절없이
살아져가고 마는 것임을 생각해보면
세월따라 가버린 쓸쓸한 마음뿐인 것을
저 고운 꽃을 내년에 다시 볼 수 있을런지…….

예쁜 딸의 모습

목련 꽃 피고 질때 2

눈 내린 듯 백발을 머리에 인 어느 노파의
독백이 귓가를 맴돌아 화려한 이 봄날이
그리 즐겁지만은 못한 듯하다

목련꽃이 화사하게 어우러진 사월의 주말
흐드러진 꽃그늘 속에 어울려 앉은 채
차 한 잔을 기울여 보건만 꽃이 주는 즐거움의
무게보다 꽃이 지면 떨어져 내린 가지 마디마다

허무와 아쉬움이 짙게 새겨진 채
꽃잎대신 매달릴 고독과 애상의 무게들이
한층 더 무겁게 변모된 채 마음속으로
되돌아 올 것이 두렵다

화창한 봄날 세상의 개화가 즐거움으로
느껴지지 않음은 봄 가을의 섭리 따라
피고 지는 꽃처럼 회자정리(會者定離)
생자필멸(生者必滅)이란 무상의
말씀이 상기되는 까닭이 아닐까.

山은 종합병원

북한산 정상 위에 오른 등산 동료가 손바닥으로
입나팔을 만들어 큰 소리로 외쳐대고 있다
아~ 맞아요 맞고말고요 몸뿐만 아니라
마음까지도 다 치료해주고 있어요

긴세월을 북한산 등산을 즐기고 있다
건강 단련을 도모함에 있다 하겠고
산이란 대자연이 주는 현실초월의 사상과
명상을 음미하고 있다

사계절 변함없이 나무와 꽃들과 새들과
맑은 바람이 끊임없이 연주하며 들려주는
아름다운 교향악이 다정하게 속삭여주는
교훈과 깨우침을 주는 명상이 있다

오늘도 우직하게 서있는 나무들을 반기며
산을 오르고 있는 많은 동지들을
반갑게 만나 볼 수가 있을 것이다.

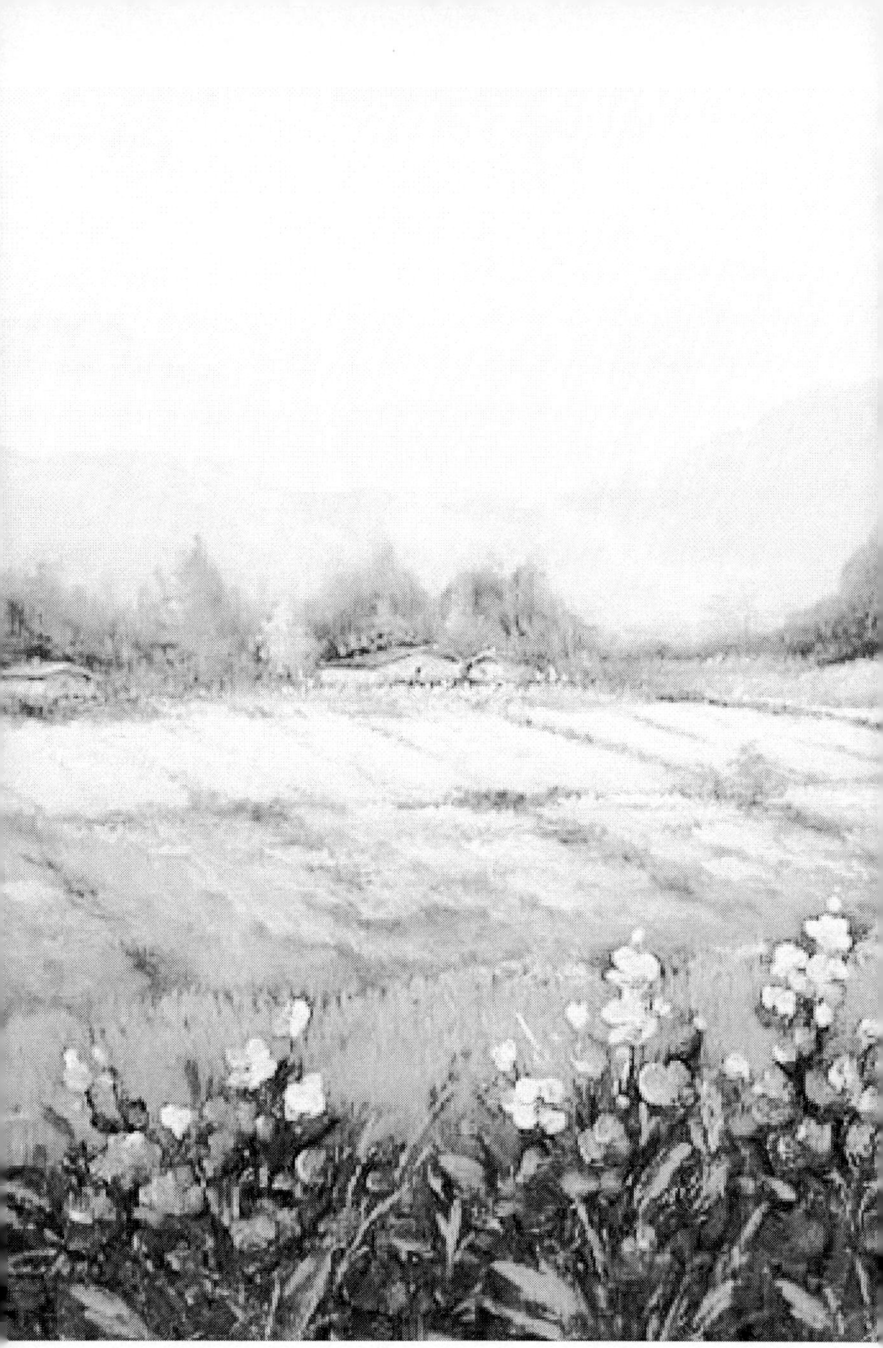

지하철 안의 넋두리

조용한 지하철 안에 여대생들이 몰려왔다
저마다의 이야기들 시끄럽고 떠들썩한 대화

이 교수 저 교수님들의 평가와
남의 애인 험담 친구오빠 불평
이웃집 아저씨 아줌마의 험담까지
그러나 이들은 망서림없이 던진 넉두리
모두가 황홀하고 멋진 스타들이다

나도 꿈을 꾼다 옛날 옆집 영이 엄마
뒷집 똘이 할머니 꿈으로도 행복하다
잊었던 추억들이 주마등처럼 되살아난다
눈을 꼭 감고 멋진 상상의 나래를 펴고
황홀하게 옛날로 달려가고 있는데

옆자리에 있는 친구가 다왔어 하면서
쥐어박고 그 자리를 박차고 떠난다
너무나 아쉽다 한없이 달리면서
상상의 나래를 펴고 멀리 떠나가고 싶다.

5

그리운 엄마

내 나이 70세가 넘어도 아기처럼
엄마의 품속에서 잠들고 싶습니다.
후세에도 나에 엄마가 되어 주세요.
사랑하는 나의 엄마여…….

아름다운 눈(雪)

아름다운 눈꽃이 하늘에서 펄펄 내려온다
산에도 들에도 동구 밖에도 너울너울
앞마당 장독대에 흰눈이 소복이 쌓이고

새벽 잠에서 깬 아기가 방실방실 장독대로 달린다
예쁜 고사리 손에 꽁꽁 뭉쳐 알사탕을 만들면
귀여운 입으로 오물오물 들어간다

왕방울 같은 우박이 하늘에서 퍼붓는다
비닐하우스 논두렁을 몽땅 망쳐 버렸다

선잠에서 깬 농부 쏜살같이 달려가고
갈퀴 같은 손으로 가슴을 내려친다
땅을 치며 애타는 통곡 소리

우리농부 어이 살라고…….

베란다에도 봄이

눈부신 햇살이 쨍쨍 내려쬐는
지저분한 베란다에 생긋이 웃고
서 있는 꽃봉우리들 추운 겨울의
진통도 보란듯이 활짝 핀 예쁜 자태

어느 꽃과도 비교할 수 없다는 듯이
큰 꽃눈 휘두르며 사방을 제압한다
늦게 피는 꽃들이 조잘조잘 속삭이고
방글방글 꽃봉우리들 보란듯이
파란 하늘과 대화한다

늦게 피는 꽃도 아름다운 꽃과 향기로
이 베란다를 예쁘게 장식하겠지
일찍 피고 늦게 피는 꽃들이
한 여름의 조화를 잘 이루겠구나

나목이 된 앙상한 가지는
추위를 견디기 힘들어
얼마나 고통스러웠을까?

내 마음은 봄으로 가득한데
앙상히 서 있는 애처로운 나목은…….

가족성묘(용인)

함박눈 퍼붓는 날

하얀 함박눈이 펑펑 내리는 날에
눈은 산이 되고 절벽속으로 녹아버린다

눈물처럼 펑펑 쏟아지는 왕방울눈이
어느새 작은 싸레기 눈으로 살금살금
내 곁으로 달려온다

저 하늘 어여쁜 별 중에 조그맣고
희미하던 별이 유난히 반짝반짝

어린 시절 내 별이라 점 찍고 꿈꾸었던
그 별이 내 곁을 떠나지 못하고
머뭇거리는 것은 눈꽃 속에 흩날리는
아기별 때문이라고…….

그늘에 핀 꽃

외딴 그늘진 곳에 피어 있는
외로운 한 떨기 꽃, 찬바람 불어와
가냘픈 대궁 흔들리면 물결처럼
떨며 엎디어 꽃눈을 감는다

서러워라
아무도 눈 길 조차 주지 않고
햇살도 비껴 가는 곳에
이름 붙여지지 못한 서러운 꽃

추억의 아픈 상처 건드리면
까맣게 잃어버린 장다리 꽃들과
살아나갈 묘안을 떠올리다
낙화의 쓰라린 아픔으로 엎드려
꽃눈을 숨기는 한 떨기 애처러운 꽃.

향기로운 가을

땅과 맡다 있던 하늘은
저 멀리 달아나고 있다

온 세상이 초롱초롱 빛나는
아기별처럼 빤짝거린다
가을의 상징 코스모스 알록달록
하늘하늘 유혹하고 있다

공중쇼의 전령사 빨간 고추잠자리는
개구쟁이들과 제 세상을 만난 듯
현란한 공중쇼를 벌이고

아기를 업고나온 아낙들은 등 뒤에서
넓은 들녘의 누런 벼이삭에 반하여
덩실덩실 춤을 추는 어린 아기들의
흥을 돋아주려 온 몸을 흔들어 댄다

기승을 부리던 더위도 하루아침에
쫓겨나니 제법 살맛이 난다
높은 하늘에는 뭉게구름 두둥실
하늘을 덮고 우리 모두 나와
덩실덩실 춤을 추고 있다.

엄마가 가신 하늘나라

사랑하는 엄마
옹알이 하던 어느 날 말문을 열고 세상을 향해 처음으로
명사를 던질 수 있었던 이름 엄마 그날 이후 예순 여섯이 된
나이에도 세 살배기 꼬마처럼 부르던 이름 엄마~~~

그 이름도 거룩한 사랑하는 나에 엄마 이제는 근심과
걱정이 없는 고단한 몸 편히 쉬실 수 있는 곳으로 가셨군요
치매로 인해 남의 손에 맡겨졌던 어머니 하늘과 땅
사이에 어디에도 계시지 않은 사랑하는 나의 어머니

반짝이는 하늘에 계실 것 같아 한없이 쳐다봅니다
저 넓은 하늘 어디에 계십니까?
지금이 꿈이었으면 좋겠습니다
내 마음에 족쇄가 채워져서 불효하는 것도
몰랐습니다. 온화하고 따스한 엄마 였는데……

가시고 난 뒤 이렇게 가슴이 아플 줄을 정말 몰랐습니다
엉~ 엉~ 엉……. 통곡하며 울어봅니다
66세가 된 지금도 엄마……였는데 전화벨이 울리고
엄마 하면 반가워서 나야 나다 하시던 포근한 엄마 였는데
서로의 믿음과 신뢰가 있는 그러한 곳 그 곳에는 다툼과
질투가 없겠지요. 그곳엔 외로움이란 존재하지 않겠지요

서로가 서로를 감싸주며 서로의 아픔을 위로하고
아픈 가슴 서로 어루만져 주며 봄햇살처럼 아련하고
솜사탕처럼 포근한 그러한 곳으로 가셨겠지요

그 곳의 가족들은 모두가 하나이기에 아픔과 기쁨도 함께
나누는 그곳 아름다운 내 상상속의 그곳에는 온화하고
따스한 그림같은 세상이 펼쳐 있지 않을 까요

행복이 넘치는 그 곳에 가셨으니 좋은 친구분들 많이
사귀시고 외롭지 않게 사시기를 두 손 모아 기도 합니다

사랑하는 나의 엄마……
2002년 10월 마지막 날 (음력 9월 26일) 겨울을 재촉하는
쌀쌀한 날 영~~영 돌아오지 못할 곳으로 가셨습니다

가신 뒤에야 잘못한 것을 알았고 엄마의 소중함을
깨달았습니다. 어머니.......나에 엄마 고단하고
험난한 세상의 짐 다 벗으셨으니 고이 잠드소서...
이 불효여식 삼가
엄마의 영전에 고개 숙여 명복을 빕니다
2002년 11월 4일 삼오제를 지나고 나서

불효 여식 상서

딸 졸업식 (이화여대) 가족사진

삶이 고달픈 날에

삶이 고달프고 설운 날 그 시름을
삭여보려 강가에 서있다.

화사했던 봄날의 환희 천둥 번개
몰아치든 한 여름 날의 광난 그들의
횡포에 지치다 곱게 사위어간 가을 단풍
삭풍 몰아치던 순백의 고된 시련들 속에서

몇 억겁의 윤회 속 그 인고에 순응하는
말없는 저 강물이 우리를 닮아 있음을
오늘 처음 보았다

마음이 설운 날 저 강물처럼 흘러가버린
지나간 날들을 그리워하는 것보다
더 슬픈 일이 어드메 또 있으랴

삼게 육도 휘돌아 흐르고 흘러
삶에 지친 중생들의 번뇌를 쓰다듬고
달래주는 저 푸르른 강물 위에

짙어오는 검붉은 저녁노을이
오늘은 더더욱 비감하여라.

보고 싶은 엄마(어버이날 헌시)

밤하늘 위를 쏜살같이 사라져 가버리는 유성들처럼
세월은 흘러 엄마가 외로이 하늘나라로 가신지도
어언 한 돌이 되었습니다

메마른 갈대풀들이 온 누리를 휘저으며
소리내어 울고 오색으로 단풍든 나뭇잎들이
바람에 휘날리며 떨어져 내리고 있는
적막한 엄마의 무덤 앞에 엎드려

슬피 울고 있습니다. 내 흐느낌 소리를 들었는지
어디에선가 까치 몇 마리가 가까이 날아와서
까옥까옥 소리치며 함께 울어 주고 있습니다

올바른 사람 되라 잘 키워주신 엄마가 누워 계시는
마른 잡초 우거진 이 쓸쓸한 무덤가 소학교에 다니던
어린 날 어쩌다 운이 좋아 학급에서 우등상장이라도
하나 타오는 날이면 그 상장을 대견스레 바라
보시다가 나를 얼싸 안은 채 등을 쓰다듬고
볼을 비벼데면서 감격적으로 하시던 말씀

공부시켜 놓으면 열 아들 부럽잖을 내 딸이다
호언장담하시든 엄마 지난날의 지극정성이
영상처럼 떠올라 나의 울음은 더욱 진해옵니다

어느 여름 심한 학질을 앓아 식음을 전폐하고
기진맥진 뜨거운 여름 한 철을 보내고 있을 때
엄마는 십리 밖 읍내 한의원에서 한약을 지어 와
풍로위에 약탕기를 얹고 불이 꺼질세라 부채로
연상 부쳐 데면서 들릴 듯 말듯 하시든 그 말씀
큰일나는 거 아닐까?

독백과 함께 아무도 모르게 흐느껴 우시던
엄마의 오열을 귓전으로 아련히 들으면서
그 더운 날에 이마에서 흘러내리던 땀과 함께
두 눈에서 흘러내리던 엄마의 눈물을
나는 그때 분명히 보았습니다

공부 잘하여 훌륭한 선생님이 되여달라며
정성을 다하여 나를 뒷바라지하시던 내 엄마
황혼이 내리는 무덤은 더욱 더 적막하여 졌습니다

나는 엄마의 무덤 앞에 엎디어 그리웠던
서러움의 눈물이 마를 때까지 울고 가렵니다
그리움의 슬픈 고통이 언제까지 남아 있을지
두렵기만 합니다.

엄마의 기일(忌日)날. 불효여식 정채 올림
2003년 10월 30일

푸른 숲속의 궁전

그 대 여

카리브 바다의 짙푸른 눈부신 청람색처럼
풍만하게 짙은 숲속의 궁전 속에서
미소 띈 채 우리를 부르고 있는 아름다운
그에게로 다가가 봅시다

보석 알 반짝이는 하얀 면사포를
살포시 눌러쓰고 그대는 끝자락이 쭉 뻗은
연미복을 들쳐 입고 짙은 라일락 꽃 향기

눈발처럼 흩날리는 아카시아 꽃잎들의
화려한 축복의 향연을 받으며

눈을 찔러 오듯 강열하고 투명한 햇살 속에서
그대와 나의 온 몸과 영혼은 파랗게 물들이고

솔바람이 가져다주는 벅찬 황홀함을 가슴 속에
고이 쓸어 담으면서 눈부시게 아름다운 계절을
마음껏 구가(謳歌)해 봅시다.

엄마의 생신(生辰)날

옛날 그 옛날에 포근하고 따사로웠던
엄마 등에 내가 업혀 잠이 들었듯
오늘 내 엄마의 구순(九旬) 생신날에

허약하신 엄마를 업어드리니
몸무게가 여섯 살 난 호정(손녀)의
몸무게보다 더 가벼워 세 발짝도
떼지못한 채 내 그 자리에
쪼그리고 앉아 울고 말았습니다

서러워라 !
풍진세월(風塵歲月) 그 숫한 애환 속으로
사위어져간 해갑 해진 내 엄마의 몸무게여……
내 엄마 자리에 오니 잘못한 한스러움이
내 가슴 숯덩이가 되는 것 같습니다

한 순간도 잊지 못할 그리운 내 엄마.

늘푸른사랑회 고궁나들이

하늘 나라

수 만년을 가기만 하였다
하늘이란 저 높은 동네로
수 많은 사람들이 얼마나
복잡하게 지내고 계실까?
울 엄마 계신 저 하늘도...

틈새없이 복잡한 하늘
이전하면 얼마나 좋을까

울 엄마 계실 아름다운 꽃집
지어놓고 달과 별지고 없는 밤
행여 어두워서 못찾으실까
호롱불 들고 기다리고 있는데...

은하수 건널 쪽배 없어 못오시나
두견이 우는 밤엔 엄마의 구성진
목소리 더욱 가슴에 사무치는데....

그리운 엄마

이제는 잊을 줄 알았는데
세월이 갈수록 생생해지는
우리 어머니

그 옛날 어려운 일 하시느라
한 시도 집에 계시지도 못하고
바쁜 나날 보내시던 엄마의 모습
그립습니다

마음이 터질 것 같네요
어려운 일 당하면 제일먼저
내 편을 들어주실 것 같아서
가슴 시원히 이야기하면 좋으련만

엄마의 그림자는 어디에 계신지
엉엉엉 통곡하고 싶습니다
엄마가 보고 싶어서……

내 나이 70세가 넘어도 아기처럼
엄마의 품속에서 잠들고 싶습니다
후세에도 나의 엄마가 되어 주세요
사랑하는 나의 엄마여…….

가을(고향 가는 길)

가을이면 풍년들어
즐거운 중추절을 맞았는데
이번 가을은 왜 이럴까?

오곡을 여물게 하는
햇볕은 어디 가고 비만 내리네
경제도 눈물이고 농사도 눈물이니
끝내 하늘도 눈물일세

정치권 높으신 분들 정치 싸움 하느라
서로 쥐어짜고 뒤흔들며 서민들
삶의 애환 나 몰라라 외면하니

그 원성 하늘에 오르니 노(怒)하여 흉년 주네

얼마나 많은 세월이 흘러야
즐거움으로 길을 덮을까
시름에 가득 찬 고향가는 길

석양에 홀로 나르는 기러기의
뒷모습이 오늘 따라 이 마음
더더욱 비감(悲感)하여라.

2003년 9월

낙엽과의 대화

오열하던 낙엽 그와 별리 정을 나누며
다음 해를 기약하던 날
내 귀에 다정히 속삭여 주었다

서러워 말아요
난 지금 죽어가는 게 아니랍니다
하늘빛 청자색 파랗게 영글은 눈동자
몽글몽글 방울지며 돋아나오는 날
님께로 다시 돌아올게요

저기 저 산사에서 동안거(冬安居)
열반에 합장한 스님들 모습 보이시나요
한 시절 나 또한 그 임들처럼 그렇게
향기로운 고뇌의 열락에 빠져들거라고

순결무구한 새싹 눈부시게 푸르른
그날이 오면 황홀한 열락의 은총
님의 영혼 속으로 옮겨드릴 걸 약속할게요

떨어진 마디에 꿈과 희망의 복음 새겨놓고
사라져 가는 낙엽과의 속삭임……
고독을 삭여내는 향기로운 서러움이
한 줄기 강물되어 그리움으로 달려온다.

영혼 속 메아리

詩人 이시여!

삶의 무게에 짓눌리다 하얗게 바랜
간절했던 나의 핏빛 염원들이 성난
파도의 광란같은 미련을 반추하며

짙은 과일 향기가 입속에 베여
오래도록 머물 듯 슬프도록 아름다운
향내가 스민 고운 시인의 詩語가
우리 영혼 속에 메아리되어 오래오래
머물러있게 하여 주십시오

나락의 늪 속으로 산산이 부서져
흩어지는 서럽고 고된 날에는
파란 하늘색 에메랄드 보석빛

연마된 빛나는 당신의 감성으로
솔바람 맑은 향기 감도는 슬프도록
아름다운 노래 읊조려 구원하여 주소서.

6

동창생과의 만남

곱던 얼굴은 추억의 여운으로 남아있고
주름의 흔적은 삶의 증표로 아름답다.
긴 세월이 흐른 지금도 옛 모습 떠올리며
잃어버린 젊은 시절의 꿈을 되새기고 있다.

사랑의 묘약(妙藥)

꿈같이 아름답고 화창한 봄날의 꽃향기
뜨거운 태양열이 작열하는 한 여름의
무성한 녹음방초 모든 만물이
조락하여 가는 쓸쓸한 가을날의
정경들은 늙어가는 우리들 인생의
모습과 너무나도 흡사하다

인생은 이처럼 자연과 같아서
시들어가는 가을날의 꽃들처럼
아름다움과 향기를 잃게되는 것이
정해진 자연의 섭리인 듯하다

그러나 꽃은 한번 시들면 그것으로
끝이 나지만, 인간은 자신이 그리는
이성의 아름다운 사랑을 받게 되면
다시 새롭게 부활하여 되살아
날 수 있는 것이 특징이다

이성간의 사랑은 인간을 아름답게
재생시켜주는 신비스런 묘약이기도 하다.

동창생과의 만남

단발머리 어여쁘던 아이들이 반세기가
흐르고 나니 찰랑거리던 머리에는
하얀 모시바구니를 가득 담아 이고 있다

곱던 얼굴은 추억의 여운으로 남아있고
주름의 흔적은 삶의 증표로 아름답다
긴 세월이 흐른 지금도 옛 모습 떠올리며
잃어버린 젊은 시절의 꿈을 되새기고 있다

황홀했던 그 옛날의 자부심으로
자신들의 마음속은 지금도 젊은 시절의
추억으로 너도 나도 위안을 삼는다

추수동장 (秋收冬藏) 잘한 지금
동심의 희망이 솟아오른다
온 세상 모든 것이 감사할 따름이다.

천사같은 두 며느리와 함께

가버린 날들에 대한 회한(悔恨)

마음이 슬프고 불행하다고 생각되는 날
즐겁고 행복했던 지나간 날들을
생각하는 것보다 더 슬픈 일은 없다

우리들은 행복을 만들 수 있는 재료와 힘과
기술을 우리들 자신 속에 다 가지고 있건만
사람들은 스스로 행복을 만들려는 노력은
하지 않고 다 만들어진 행복만을 찾으려
마음속의 황야를 끝없이 헤매고 있다

백여 명의 지난 권력자를 한곳에
몽땅 모아 놓는다 해도 강물처럼
흘러가 버린 지나간 날들을
다시 불러올 수는 결코 없을 것이다

어찌하여 사람들은 지나간 일들로 인하여
매양 슬퍼하고 괴로워하고만 있는 것인가?

지나간 날들을 당신의 마음속에서
훌훌 털어 보라 그러면 당신은 지금보다
훨씬 더 행복해 질 수가 있을 것이다.

행복을 한아름 드립니다

행복을 한아름 드립니다

오늘, 즐거운 마음으로 행복을 받으세요
어두웠던 마음이 향기로운 마음으로 파란
하늘을 두둥실 떠다니고 있을 겁니다

우리는 예쁜 마음이 도사리고 있습니다
내 마음이 편안하니 만나는 사람마다
즐거운 얼굴로 나를 반가이 맞아주고
부드럽지 못한 상처받는 말은 상대방도
상처를 받으니 편안한 마음이 아니겠지요

서로 용서하고 넉넉한 마음으로 대하면
우리 만남은 영원히 행복하고 앞으로의
행로(行路)가 얼마나 아름다울까요
행운의 여신은 우리 편이니까요

어려움 속에서도 절망하지 않고
예쁜 마음으로 살아가기로 약속하십시요
믿음의 마음으로 당신을 맞이할 것입니다
사랑의 마음으로 여러분 마음을 배려하렵니다

사랑이 어둠에서 빛으로 잉태되는 그 날에
아름다운 사랑 한 아름 간직하렵니다
우리들의 아름답고 소중한 천상의 노래
다 함께 힘차게 노저어 갑시다

그리하여 생의 찬미(讚美)를 느끼고
우리의 삶의 여정(餘情) 더 높게 하소서
아름다운 환상의 성탄절 맞이하세요
전능하신 주님의 이름으로 -A. MEN-
메리크리스마스

모정

무슨 물체가 뚝 떨어졌다
갓 태어난 참새 새끼

주인과 산책 나온 강아지
먹을 것이 떨어지니
쏜살같이 달려간다

어디서 보았는지 깜짝 놀란
어미 참새가 푸드득거리며

강아지를 향해 온 몸을 부르르
상대의 눈을 향하여 맹 공격이다
강아지는 절절 매며 머뭇거리고

에미는 새끼를 입에 물고
하늘 높이 유유히 사라졌다

어미의 극진한 사랑
새끼가 자라서 그런 사랑으로
아름다운 풍경이었다.

행복 편지지

인생이란 장편 소설이 아닐까
괴로움 슬픔의 원고를 받는다고
사랑을 하지 않는다면 각본은 없다

인생의 장부에서 아픔은 지워버리고
아름다운 정성을 편지지에 담으면
예쁜 마음의 소리가 들리겠지

때로는 좋은 배역이 아닌 것을
알면서도 즐거운 마음으로 속고
편한 마음으로 나눔을 기리며

작은 사랑을 이루는 삶이 되길
좋은 배역을 기다릴 것이다.

손녀의 특별상

산 너머 오두막 집

산 너머 외로운 오두막 집
모락모락 피어오르는
하얀 굴뚝 연기

휙휙 몰아치는 바람소리
떨어지는 가랑잎 소리 듣고
밥 짓다 달려 나온 아낙네

기다리던 님 오시려나
까악까악 까치 소리에
새파란 하늘만 쳐다보네

오신다던 세월 다 보네고
마중 가면 오시려나
약속한 님이시여

오두막집 좁아 못 오시면
은하수 다리에 걸려있는
고대광실 떠다가 님 맞을수 있음인데

무심한 님이시여
오시기 어려워 못 오실 양이라면
그림자만이라도 비춰줬으면…….

솔바람 추억

세월을 지키며 말없이 서 있는 나무
향기롭고 짙은 오월의 라일락 꽃향기
솔바람 타고 눈발처럼 떨어져 내려와
가슴 울리게 하던 시절

소슬한 바람 따라 거닐던 옛길
환상의 추억마저 외로워 힘없이 주저앉네
은빛 햇살속에 하늘거리며 너울대는 꽃나비
오색의 수많은 이야기들이 오고갈 때
활짝 핀 환상이 꽃으로 미소짓고 있습니다

지난 밤 다 타지 못한 모닥불이 뿜어내는
매운 연기가 눈시울을 가리자
이내 눈가에 맺혀지는 이슬방울들
조잘대며 흘러가는 개울물 소리에

방울방울 떨어지는 눈물로 적어 보는
그대의 이름은 햇살에 반사되는
내 가슴속에 가장 빛나는 보배 입니다.

친구를 보내고(작별)

심상찮은 입원 소식에 놀랍고도
슬픈 마음 달래며 자네를 찾았을 때

지장보살 상 짓고 있는 자비롭고도
가냘픈 미소로 병상 위에 자넨
평화롭게 꿈속을 헤집고 있었지

흔들며 애달피 불러도 대답 없는
얼굴 위로 내 눈물 굴러 떨어 질 때
자네를 얼싸 안으며 흐느낌으로
마지막 작별의 인사를 고 하였다네

동산의 태양과 꽃과 나무와 이름 모를 온갖
새들은 오늘도 나를 반겨주고 있건만
자넨 작별의 인사 한 마디 없이 먼 망각의
세계를 향하여 훌훌 떠나가고 있겠지

사랑하는 친구여 지나간 날들은
그립고 아름답고 아쉬움만 남는 것
어느 날 나 또한 한 마리 영면의 새가 되어
자네를 향한 피안의 세계로 날아오르겠지

사랑하는 친구를 보내고…….

김유정 문학기행 2

그리움

쉼없이 흘러가는 강물같이
그리운 사람과 헤어진 세월도 수삼 년
천년도 수유라는 불가 말씀에 비하면
수삼 년 세월이 무슨 대수가 되리오만

낙엽이 휘날리는 늦 가을의 황혼 녘
흰눈 내리는 엄동설한 깊은 밤도
바람 불어 꽃잎 지는 봄날 아침
그리움에 파르라니 야위어간다

지난 세월들이 눈 빛으로 위로하며
꽃잎 지는 창가 흰구름 흘러가는
하늘엔 애련한 그리움이 쌓이고

눈 감았던 추억이 자라면 묵련 꽃
바람에 휘날리며 하염없이 떨어져
창가에 앉은 그림자 하나
해련한 슬픔에 잠긴다.

푸른 산

산을 오르다 약수터 바위 그늘에 걸터앉아
고개를 들어 하늘을 바라보았다

송두리째 창공을 가려버린 꽃보다 고운
푸른 산은 우리 삶을 파생 시켜주는
욕망의 갈등과 번뇌가 녹아흐르는
머릿속과 가슴 속의 앙금들을 깨끗하게
씻어주고 삶의 새로운 결의와 더불어

진정한 환희와 위안을 불어 넣어주는
무한한 마력이 있는 듯 하다.

이 순간 아무런 혼란도 고뇌도 갈등도 없이
오직 자연과 인생에 대한 무한한 기쁨과
평화와 감사만이 충만해 있을 따름이다.

여름날의 풍경

화사했던 봄날의 환희도
천둥번개 몰아치며 폭풍우 내려
한 여름 날의 변란 한바탕 꿈이였던 양

아련히 사라져 가버린 채 중천에
작열하던 태양이 서산마루에 걸려
이름 모를 계곡에서 바위에 둘러앉아
우리의 영혼을 화려하게 수놓고 있습니다

흐르는 강물도 허공의 구름도
쉼없이 끈적이는 영혼의 정염도
짙은 금빛으로 물들어 황혼의 늪 속으로
서서히 침잠되어 가고 있다

관조의 시렁 위에 달래지 못한
외로움이 도사린 채 고독을 반추하지만
들녘마다 내리는 황혼의 정경이
눈이 시리도록 아름다워 보일뿐입니다.

개구쟁이

조잘대며 흘러가는 개울 물소리
아름다운 햇살이 퍼지면서
인자한 미소를 짓고 있는 산봉우리들
떠오르는 태양이 힘차게 안아준다

안개꽃이 꼭 잡고 속삭여주어도
낡아빠진 시집 한 장 들고
혼자 도망 나온 나그네

바람도 피해가는 길모퉁이에
소곤대는 여치소리라도 잡으려고
짧은 팔 벌려 휘젓는다

같이 있고 싶은 개구쟁이들
타향의 뜬 구름만 겹겹이 쌓여오네.

힘 없는 나그네

속절없이 돌아다니며
아무 곳에나 앉아있는 힘 없는
나그네 아름다운 저수지에
종달새 쫓아 낚시대 드리우니

무슨 먹이 걸렸을까
쳐들 힘도 먹을 힘도
끌어당길 힘도 없다

달빛은 넉 잃은 환자처럼
하얀 조각 따라 다니고 있다.

제주도 용바위에서

江가에 서서

무덥던 8월도 가고 어느덧 9월
가을의 문턱 앞에 세월이 서 있다
세상 모든 것은 하루를 위하여
천년을 쉼 없이 흐르고 있다

세월의 섭리에 따라 가고있다
흔히 이렇게들 말하고 있지만
가고 있는 것은 자연은 아니요
분명 인간만이다

자연은 몇 억겁을 지나도록
한 치의 변함도 없이 제자리에 서서
반복만을 되풀이 할 뿐 모두 가고있다고
생각하는 것은 인간의 착각일 뿐이다

도도히 흐르는 한강 인간의 욕망이 가로지른
다리 위를 세월이 경주하듯 어디론가
빠르게 달리고 있다.

그리운 친구

힘들어할 때 옆에 앉아 커피라도
한잔할까 그런 친구 있으면 좋겠다
잡담도 나누고 옛 이야기 들어주는 친구
어디가면 그런 친구 찾을 수 있을까

친구가 먼 피안의 세계로 가지 않았으면
전화라도 자주 할 터인데……

노래방에 가면 너의 노래에 반하여
집에 올 줄도 모르고 넋 놓고 듣던 그리움
일산 병원 입원 소식에 달려갔더니
손자 봐야 한다면서 침대에서 내려오더니
예쁜 손자 손녀 두고 어찌 떠나갈 수 있으리

그리운 친구야 무엇이 그리 급하여
너하고 나하고 같이 가기로 약속해놓고
바람같이 구름같이 떠나 갔단 말인가

나는 네가 너무 너무 보고 싶어서
매일 밤 울고 또 울고 있단다
다음 만날 때는 헤어지지 말자
너의 그리움에 푹 빠져 들고 있단다

별처럼 반짝이는 그리운 내 친구 순자야.

황보 완 님과 김광길 님과 함께

▩ 수필

보석 사건

어느 추운 겨울 눈이 펑펑 쏟아지는 오후 학교에서 돌아오는 막내아들이 집 계단을 뛰어 올라오며, “엄마 대문 앞에서 주머니를 주셨어.” 하고 내 미는 큰 주머니 그 속엔 오색찬란한 보석이 가득 들어 있었다.

이게 뭐니? 하고는 깜짝 놀라 물으니 대문 앞에서 주웠단다.

그날은 토요일이라 남편 친구 여러분들이 퇴근 후 우리 집으로 놀러왔었다. 여러분들이 그 대문을 경유했는데도 아무도 눈에 띠지 않고 우리 막내아들(기택) 눈에만 보였다.

안방에서 친구들과 담소하고 있는 남편을 불러 보여주었더니 남편도 아무 말도 못하고 서로 얼굴만 쳐다보면서 어안이 벙벙했다.

남의 물건을 놓고 잠시 욕심이 생겼다.

나 자신도 한심하였다. 견물생심(見物生心)이란 바로 이런거다.

교직에 계신 남편도 신고하란 말도 못하고 서로 얼굴만 쳐다보면서 무거운 밤을 지새웠다.

두 사람이 서로 눈치만 보고 있었다. 당장 신고를 해야 하는데도 망설이고 있다가 다음날 새벽 남편이 신고를 하라고 하여 강남 모경찰서에 형사로 있는 동생에게 전화를 하여 집에 오도록 했다.

보석을 감정하더니, “매형의 월급으로는 누님이 이런 좋은 물건을 살리는 없고 어찌된 일이냐?”고 물었다. 막내아들이 대문 앞에서 주었다고 하니 두말 하지 말고 빨리 신고하라면서 지금 그 주인이 얼마나 가슴 아파 할까? 생각하라면서 뒤도 안돌아 보고 가버렸다. 그러나 어딘지 모르게 매몰차게 내뱉고 떠나가는 동생이 그 날만은 야속하게 생각이 들었다.

오래 집에 둘 수도 없는 물건이라 동생이 가자마자 바로 신고를 했다. 신고를 하고 나니 마음이 너무나 후련하였다. 천국과 지옥을 오가는 밤이었다. 다음날 모 방송국에서 뉴스로 나왔다.

워낙 큰 물건이라 바로 방송이 된 것 같다.

보석 주인이 방송을 보자 방송국으로 달려왔다.

여러 심사를 거친 결과 주인이 틀림없었다. 이야기를 들어보니 워커힐 아파트에 사는 분이 이민 가려고 짐 정리를 하고 귀중품을 따로 싸놓았는데, 중요한 귀중품 여러 가지를 도둑맞았단다. 워커힐 아파트에서 방배동 우리 집은 상당히 먼 곳인데 어떻게 여기까지 와서 그중 하나를 떨어뜨렸는지 알 수가 없다.

이런 일이 한번으로 족하지 두 번 다시 겪는다면 덜덜 떨려서 심장병에 걸려 저 세상으로 갈 수밖에 없었을 것이다.

신고를 하고 나니 보상금도 나왔다.

마음이 후련하여 보상금같은 것은 생각하기도 싫었다.

이제는 지나가다 떨어진 돈도 보기가 좋치 않다.

돈 주고도 할 수 없는 경험을 하고나니 천국에 온 것

같다.

보석 주인은 며칠간이 아마도 지옥이였을 것이다.

몇 년 전 모 방송국 아주 특별한 아침에서 주워입은 옷 속에서 큰 금액의 수표가 나왔는데 신고를 안하고 죄책감 없이 다 써버려 죄를 받았다는 방송을 보니 지난날 보석 사건이 머릿속에 맴돌고 있다.

■ 축사

시집 발간을 축하 드리며

김미자
(前 교장)

언제 만나도 즐겁고 다정 다감한 나의 친구 鈺泉 정정채 시인, 평소에 그와 만나 나누는 그의 이야기들 속에는 잘 익은 과일들이 풍겨내는 향기가 온 주위에 퍼지면서 코 끝을 맴돌 듯 항상 그렇게 사람들의 마음 속을 헤집고 드는 데가 있다.

그와 내가 친히 지네게 된 동기는, 그녀의 부군(夫君) 때문이었을 것이다.

이진수 교장선생님은 S대학 동문 선배님으로 오랫 동안 교육계에 종사 하시다가 퇴직 하신 분이시다.

그녀는 윗 세대들이 신교육을 받은 부유한 집안의 딸로 성장하였다.

그러한 집안 출신 사람들의 흔한 단점이기도 한 이기적인 면모란 그에게선 전혀 찾아볼 수가 없고, 누구에게든 격의없이 편하게 대하며 매사에 밝고 명랑한 긍정적인 사고방식을 지니고 있는 그녀는, 우리들에게 마음씨 좋은 큰 언니 같은 사람이기도 하다.

거기에다 못할 것이 무엇이 있을까 싶을 정도로 다방면에 걸쳐 여자들만이 할 수 있는 다재다능한 재능을 겸비하고 있는 사람이기도 하다. 거기에 가장 놀라운 것은 그녀가 갖은 짙은 문학성이다.

일전 모 월간 문예지에 발표된 그녀의 시 한구절이 불현듯 떠 오른다.

고운 옷 벗어 던지고
열반에 든 겨울 나무들
주어진 운명 앞에
꿋꿋이 순응하고 있는
그들의 참 모습을 보아라....

(겨울송가-頌歌-중 에서)

그녀의 글을 읽을 때면 우리같은 문외한들도 숙연해질 때가 많다. 고희를 훌쩍 넘긴 생애를 살아오는 동안 삶이 파생하는 다소의 고통과 슬픔이 그에겐들 왜 없었으리요 마는 그 고통과 슬픔은 천부적인 시인의 자질을 타고난 그에게는 자신이 손수 가꾸는 그의 詩 밭에 비료가 되어, 보석알처럼 영롱하게 빛나는 작품으로 환생되고 있었을 것임이 분명하다.

모든 사람들의 존경과 사랑을 한 몸에 지닌 나의 막역지우(莫逆之友)가 이번에 그의 작품이 수록된 시집 발간에 즈음하여 내가 이 글을 쓴다는 것 자체가 나에게는 큰 영광이자 자랑이 아닐 수 없다.

■ 추천사

매향(梅香)같이 향기로운 詩語들

靑雲 皇甫 椀
(시인)

꽃은 형형색색의 색깔과 향기로, 새들은 아름다운 지저귐으로 저마다의 형상을 표현하지만, 시인은 그의 눈에 비친 물상(物象)을 언어(言語)라는 수단을 통해 자신의 생각과 감정을 표출(表出)하고 있다.

그러기에 흔히들 시인을 언어의 마술사라고 한다.

동일한 사물을 바라보는 시각적 관점과 감각적 표현에 의해 창작되고 전달되는 울림의 파장은 획일적일 수가 없기에, 그 시인만이 가지는 독특한 표현의 독창성이 요구되는데 그런 면에서 정정채 시인님의 시적(詩的) 감각은 놀랍고 다양하다.

평범한 사물을 관조하는 여성다운 섬세함은 물론이거니와, 삶속에서 얻어진 체험적인 시각과 오감(五感)에 의해 표현되는 명제들이 미감(美感)에 젖게하고, 지나친 언어적 기교나 현란한 수식어를 남용하지 않은 신선한 봄 내음 같은 필치는, 독자들로 하여금 저마다의 상상과 현란한 공감의 늪으로 빠져들게 하기 때문이다.

시인이 바라보는 사물에 대한 존재의 의미와 표현하고자 하는 감각적 인식들이 독자로 하여금 공감적 감흥의 마취상태로 빠져들게 함에, 그 시의 생명력이 존재하기에 특히 '겨울송가' 나 '눈꽃' 같은 시제들이 상상의 나래를 펴게한다.

시인 '사무엘 울만' 의 표현대로 '인생은 나이를 먹어서 늙는 게 아니라, 꿈과 열정을 잃었을 때 늙는다.' 고 했는데 시작(詩作)에 대한 열정이 남다르시니 시인님의 시계바늘은 언제나 거꾸로 돌아가나 봅니다.

주옥같은 시집 출간을 진심으로 축하드리며, 계속 정진하시길 기원합니다.

새 시집 발간에 부치는 말

靑羅. 김광길
(시인/수필가)

나의 오랜 文友이자 지기(知己)인 鉦泉 정정채 시인이 이번에 그동안 순연(純然)한 그의 영혼의 두레박으로 길어 올린 보석같이 영롱한 90편의 자작시(自作詩)가 수록된 시집, 상제(上梯)에 대하여 진심 어린 합장 축하를 드리는 바이다.

고희(古稀)를 넘긴 나이임에도 항상 밝고 맑은 동요를 즐겨부르는 그녀의 모습은 언제나 순결무구(純潔無垢)한 소녀처럼 해맑아 있다.

어느 유명 여류 시인은 그를 일컬어 '鄭 少女'라고 불러 주기도 했었다.

지나간 몇 해 전, 어느해 늦은 가을날이었다고 기억이 된다.

그 날 서울 시민들의 쓰레기 하치장으로 유명했던 상암동 하늘 공원 부근 지정 카페에서 어떤 모임을 마치고 난 후, 우리들은 회색 빛으로 우거진 갈대들이 싸늘한 가을바람 속에서 몸부림치듯 사납게 난무하는 공원 산책로를 따라 담소를 나누며 유쾌히 거닐고 있을 때, 내게 다음과 같은 이야기를 들려주고 있었다.

지금으로 부터 약 이십년 쯤 전, 여름 날에 이 곳을 지나 갈 때는 달리는 차창 문을 닫고도 차 속으로 숨어든 그 역한 쓰레기 냄새 때문에 잠깐 동안은 코를 막으면서 지나갔었지, 끝까지 썩은 쓰레기 하치장으로 남아있을 줄로만 알았던 이 곳이 그 사이 이렇게 아름다운 놀이동산으로 변모될 줄을 어느 누가 짐작인들 하였으랴! 코를 막으면서 지나갈 수밖에 없었던 그 태산 같이 쌓였던 쓰레기더미들이 오랜 세월 속에서 부식정화(腐蝕淨化)되여지는 그런 과정이 없었더라면, 오늘 이 곳에 온갖 백화들이 만발하는 저런 천국 같은 경관이 이루어질 수가 있었을까?

인생이라는 것, 글이라는 것도 모두 다 이와 유사 하지 않을까? 느껴지네. 삶의 아픈 상처가 남긴(쓰레기 더미)그 눈물 위에서 피어나는 저 고운 꽃들처럼 말일세...

그 날 하늘공원을 산책하면서 들려준 순연한 예지(叡智)의 이야기들은 내 마음 속에 주홍 글씨 되어 오래 오래 남아 있을 것임이 분명하다.

그녀는 사물과 인생에 대하여 항상 이렇게 관조(觀照)하면서 살아가는 천부적인 詩人의 모습을 갖추고 있는 사람임에 틀림 없다.

다람쥐가 쳇바퀴 굴리듯 매양 반복 되는 우리들의 일상생활이 때로는 심한 권태감과 자괴감(自壞感)을 불러 이르키기도 하지만, 나이테가 늘어갈수록 양산(量産)된 삶의 경험들은 곧 예지화 되어져 자신을 다스리는 새로운 지혜로 변모될 것임이 분명하리라 생각된다.

순연한 열정과 사랑이 화합되어 함께 서식하는 진실의 노래 속에서 매양 아름답게 살아가고 있는 나의 친한

지기(知己) 鈺泉 정정채 시인의 탁마(琢磨)된 영혼이 뿜어내는 아름다운 그녀의 글들은 때때로 삶에 지쳐 있는 우리들 주위를 향기롭게 감싸 즐거운 운치(韻致)를 더해 주리라 믿어 의심치 않는 바이며, 제2, 제3의 시집이 다시 상제(上梓) 되기를 주문 드리면서 축하 인사에 가름하는 바이다.

▩ 축사

참다운 인생을 음미하는 순수한 소녀같은 시인

임수홍
(사)대한민국국보문학협회 회장

5월의 바람이 그리워지는 기억들이 길동 사무실을 가득 메운다. 오전 10시, 참다운 인생의 의미를 음미하는 순수한 소녀같은 정정채 시인이 특유의 따뜻한 미소를 지은 채 사무실에 들어선다.

인생을 74세부터라고 누군가 말을 했다. 이제까지 자신이 이룩했던 모든 것을 사심없이 놓아버릴 줄 아는 용기가 생기는 나이라고 하면서...

정정채 시인이 가져온 일상의 행복한 상상과 소소한 즐거움을 봄, 여름, 가을 그리고 겨울을 지나면서 느낀 꾸밈없는 인생 고백서를 읽으면서, 어떤 삶이 세상에서 가장 아름다울까를 생각해 보았다.

인생 후반기에 아직도 자신이 좋아하는 시를 쓰면서 소녀처럼 마냥 즐겁고 행복한 모습을 투영된 거울에서 볼 때, 정정채 시인은 자신이 살아온 삶을 만족이라는 테두리에 서슴없이 넣을 수 있을 것 같다.

아들과 딸에 대한 따스한 추억 이야기, 손녀에 대한 애틋한 할머니의 사랑, 인생을 동반자처럼 함께 살아가는 친구들, 그리고 시인의 눈에 비친 70평생의 삶의 편린들이 시집을 읽는 독자와 문인들에게 가슴을 적시는 단비가 되어 문학의 강(江)에 돛단배를 띄울 수 있는 디딤돌이 될 것 같아 환희의 박수를 보낸다.

태어난 고향을 절대 잊지 않은 연어, 남대천 그 가을의 전설처럼 정정채 시인의 「아름다운 극본」에서 디지털 시대를 잠시 벗어나 아날로그의 순수한 서정을 느껴도 좋을 듯싶다.

정정채 시인의 첫 시집 발간을 진심으로 축하드립니다.

■ 축사

자랑스런 나의 어머니

임재옥

새 시집 발간을 축하드립니다.

어머니의 詩에는 어머니의 삶이 있습니다

아련하고 풋풋하던 옛 시절, 그리고 가슴까지 뜨거운 것이 차오르다 목까지 아릿해지는 애뜻한 사랑. 어머니(조모님)를 향한 그리움까지 어머니의 시 묶음에는 삶에 대한 사랑과 그리움과 아픔이 있습니다.

그러나 묵직한 그간의 삶을 노래로, 추억으로, 그림으로 한줄 한줄 덜어내어 꽃잎에 시를 적어 띄우듯 그렇게 흘려 보내시고 비우시면서 아름답게 가꾸어 가고 계십니다.

예전 신춘문예에 당첨되신 이후, 오랜 시간이 지나 여러 해 전부터 이렇게 시를 쓰시다 이제는 시집을 내시게 됨에 저희들은 그저 기쁘고 반갑고 어머니가 자랑스럽습니다.

시간이 흘러도 어머니의 지식에 대한 사랑은 변하지 않고 여전하십니다.

다만 예전보다 진하던 사랑의 빛이 행여나 자식의 마음에 상처가 날까, 짐이될까 하여 연하고 부드러운 빛으로 변화하시는 어머님을 봅니다.

말씀을 하실 때도 시어를 고르듯 자식의 마음을 달래주는 단어를 고르십니다.

엄마가 되어 겪게 되는 자식에 대한 조급한 사랑으로 애닳아하는 자식에게 아이들을 믿고 또 믿고 시처럼 천천히 사랑하라고 위로하시는 나의 어머니, 가족의 가장 큰 어른으로 언제나 의연한 삶을 지키시는 어머님은 저에게, 우리 가족에게 든든한 버팀목이시고 언제나 돌아가 편히 쉴 언덕입니다.

어머니로, 할머니로, 멋진 시인으로 우리 곁에 오래오래 함께 해주세요.

어머님과 함께 한 삶을, 함께 나눈 사랑을 시를 통해 우리 자녀뿐만 아니라, 손자, 손녀, 그 손자 손녀에 이르기까지 대대로 기억할 것입니다.

어머니의 아름다운 시집 출판과 멋진 시인의 삶을 축하드리면서, 자랑스런 나의 어머니 사랑합니다.

중화고등학교 근무 큰 며느리 임재옥

아름다운 국본

정정채 시집

초판 인쇄 2010년 05월 25일
초판 발행 2010년 05월 31일

지은이 정정채
펴낸이 임수홍
편집디자인 맹신형
발행처 : 도서출판 국보

주소 : 서울시 강동구 길동 395-3 2층
전화 : (02) 476-2757~8, 7260
FAX : (02) 476-2759
카페 : http://cafe.daum.net/lsh19577
E-mail : kbmh11@hanmail.net

값 10,000원

ISBN 978-89-93533-12-5 03810